COMITÉ DE PRÉSERVATION DE LA LANGUE BRETONNE

RAPPORT GÉNÉRAL

SUR

LA SITUATION DU BRETON

DANS LES COTES-DU-NORD

Présenté au Congrès de Rennes le 28 Mai 1897

SAINT-BRIEUC

IMPRIMERIE-LIBRAIRIE-LITHOGRAPHIE RENÉ PRUD'HOMME

1, Place de la Préfecture, 1

1897

COMITÉ DE PRÉSERVATION DE LA LANGUE BRETONNE

RAPPORT GÉNÉRAL

SUR

LA SITUATION DU BRETON

DANS LES COTES-DU-NORD

Présenté au Congrès de Rennes le 28 Mai 1897

SAINT-BRIEUC

IMPRIMERIE-LIBRAIRIE-LITHOGRAPHIE RENÉ PRUD'HOMME

1, Place de la Préfecture, 1

1897

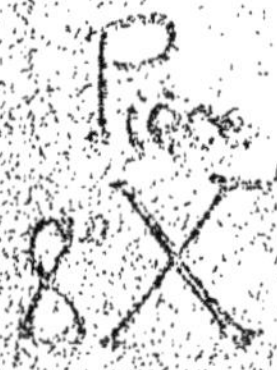

COMITÉ DE PRÉSERVATION DE LA LANGUE BRETONNE

RAPPORT GÉNÉRAL

SUR

LA SITUATION DU BRETON

Dans les Côtes-du-Nord

MESSIEURS,

Lors du dernier Congrès de l'Association Bretonne, un cri d'alarme fut jeté par les amis de notre vieil idiome ; on signala la guerre acharnée qui lui est faite de toutes parts, et, en présence des résultats désastreux obtenus en certaines régions par cette proscription injustifiable, l'Association Bretonne s'émut Justement fière du patrimoine intellectuel que nous ont légué nos aïeux, gardienne vigilante de tout ce qui le constitue, elle a vu, dans l'effort fait pour l'amoindrir, une œuvre des plus néfastes, et, en face de la coalition formée pour la destruction de la langue bretonne, elle a déclaré vouloir s'opposer de toutes ses forces à cet acte de vandalisme intellectuel.

Pourquoi les Bretons de Basse-Bretagne seraient-ils dépouillés du droit de parler la langue des ancêtres ? Pourquoi, au moment où les savants de l'Europe entière étudient avec respect ce débris de la langue des Celtes, pourquoi, dis-je, veut-on que les échos de nos landes et de nos rivages cessent de répéter ces syllabes sonores, tantôt rudes comme le bruit des flots se brisant sur les galets, tantôt douces comme le gazouillement des oiseaux dans les buissons, toujours harmonieuses dans leur originalité.

Ne fût-ce donc qu'au point de vue littéraire, il serait regrettable de laisser disparaître le Breton, mais nous nous plaçons à un point de vue plus élevé, et nous croyons pouvoir vous dire en présence du résultat de l'enquête faite par le comité de Saint-Brieuc : la guerre faite à la langue bretonne crée un véritable danger social.

D'ailleurs, les mêmes causes produisent partout les mêmes effets, et ce qui s'est passé chez les Celtes d'Angleterre, soumis à une éducation inappropriée à leur esprit, est exactement ce qui se passe actuellement chez les Celtes d'Armorique.

Mais la situation se modifie rapidement dans les pays d'Outre-Manche, et l'évolution qui s'est produite chez les hommes d'Etat anglais est d'autant plus remarquable que leur politique n'est point une politique de sentiment, mais une politique essentiellement utilitaire.

Il y a chez les diverses races celtiques d'Outre-Manche un mouvement très vif de réaction contre l'oppression intellectuelle dont elles sont victimes depuis des siècles.

L'Irlande, l'Ecosse, le pays de Galles se refusent à laisser plus longtemps persécuter et proscrire leur langue, et ils obtiennent gain de cause ; l'Angleterre leur a reconnu d'une manière officielle le droit d'enseigner la langue celtique dans les écoles.

Bien plus, la Société de préservation de la langue Irlandaise est une *société officielle* instituée dans un but *d'utilité publique et de préservation sociale.* Voilà pourquoi cette société a pu *imposer officiellement* aux instituteurs irlandais, qui s'y refusaient au début par préjugé, l'obligation d'apprendre eux-mêmes et d'enseigner la langue irlandaise.

Les hommes d'Etat anglais, en gens pratiques, se sont rendu compte qu'un système d'éducation, inapproprié aux populations qui le subissent, est une cause de déficit dans le rendement social. Le fameux Gladstone, dans un discours prononcé dans le pays de Galles, a développé l'idée suivante : « Un individu ne rend à la société ce qu'elle est en droit d'en attendre, que s'il a été développé selon les dispositions naturelles qu'il doit au sol et à la race, et cela est d'autant plus vrai que l'esprit est plus spécial. Or, s'il y a un esprit à part, c'est bien celui des populations de race et de langue celtique ; il faut donc appliquer à ces populations un système de culture approprié. »

Quand donc, en France, comprendra-t-on toute la portée et la justesse de la pensée du célèbre homme d'Etat anglais ?

L'Association Bretonne qui représente, sans conteste, l'élite intellectuelle de notre province, n'a pas voulu que la Bretagne restât plus longtemps en arrière dans ce mouvement si remarquable de l'émancipation intellectuelle des races celtiques.

C'est pourquoi elle a constitué un « Comité de défense de la langue bretonne » pour appuyer les réclamations formulées par les Bretons amis de leur langue : elle a reconnu que ces réclamations étaient des plus modestes, et n'avaient rien de révolutionnaire.

Que réclament en effet les Bas-Bretons éclairés ?

Veulent-ils, comme les Flamands de Belgique, que leur langue soit traitée sur le pied d'égalité avec la langue Française ? Veulent-ils que dans les écoles on cesse d'enseigner le Français pour apprendre le Breton ? Non, certes ; il est plus aisé de les satisfaire. Laissez, disent-ils, nos enfants parler la langue des aïeux, il est sans doute nécessaire de leur apprendre le Français, mais pourquoi les empêcher de parler breton ? Pourquoi ne voulez-vous pas qu'ils puissent parler les deux langues ?

Le Comité de Saint-Brieuc offre ceci de remarquable : c'est qu'il réunit dans son sein des Bretons-bretonnants et des Hauts-Bretons. Ceux-ci, bien désintéressés cependant dans la question, n'en ont pas moins compris combien la guerre faite à la langue bretonne était désastreuse à divers points de vue, et se sont rangés parmi ses plus ardents défenseurs.

Le Comité de Saint-Brieuc a procédé dans le département des Côtes-du-Nord à une enquête très détaillée et très approfondie sur la situation de la langue bretonne, sur la façon dont elle est combattue et sur les conséquences pratiques de la guerre qui lui est faite.

Une chose nous a frappé dès le début, c'est la justesse d'une remarque faite par le journal « *l'Indépendance Bretonne* » lors de la campagne entreprise par une partie de la presse de Saint-Brieuc pour attirer l'attention sur la guerre faite au breton : la Basse-Bretagne est traitée comme un pays conquis, que dis-je ? Plus mal qu'un pays conquis ! Nos compatriotes sont moins bien traités au point de vue scolaire que les Arabes d'Algérie !

En effet, en Algérie, la langue arabe est enseignée aux enfants des écoles ; en Basse-Bretagne, non seulement on n'enseigne pas le breton aux enfants, mais on leur défend de parler la langue de leurs pères, et on leur inflige des punitions humiliantes s'ils s'oublient à en prononcer quelques syllabes !

Pour trouver une manière de procéder analogue vis-à-vis d'une population, il nous faut aller en Alsace-Lorraine ; là nous voyons l'Empire allemand agir vis-à-vis de nos malheureux compatriotes des pays annexés exactement comme l'Etat Français se conduit vis-à-vis des Bas-Bretons. Ne vous semble-t-il pas que ce simple rapprochement suffit d'ores et déjà pour juger la méthode ?

Il est en effet certain que le discrédit jeté sur la langue bretonne, et la tendance de certaines populations à l'abandonner, proviennent presque exclusivement de l'enseignement scolaire et de l'influence des instituteurs et institutrices.

Mais n'anticipons pas, et examinons quels sont les ennemis de la langue bretonne ?

Les ennemis du Breton.

Ils sont de deux sortes : les ennemis extérieurs et les ennemis intérieurs. Les ennemis extérieurs sont nombreux et puissants :

Parmi eux, les inspecteurs des écoles primaires se distinguent ; ils obéissent à un mot d'ordre et veulent proscrire absolument le breton de l'école.

En vain des instituteurs expérimentés feront-ils observer que l'enseignement du français se fait mieux et plus rapidement en se servant de la langue maternelle ; en vain établiront-ils par des expériences qu'en se servant du breton, l'instituteur apprendra aux enfants en deux mois ce que, par la méthode imposée, on met huit à neuf mois à leur enseigner ; rien n'y fera : la langue bretonne est absolument proscrite de l'école par ordre supérieur (1).

Pendant ce temps, contradiction étrange, on ouvre des cours de langue celtique dans les Facultés, et d'éminents professeurs de l'Université publient de remarquables travaux sur la langue bretonne et l'utilité que l'on peut retirer de son étude.

La seconde catégorie de ce que j'appelle les ennemis extérieurs de la langue bretonne, est constituée, il est nécessaire de le reconnaître, par certaines congrégations religieuses enseignantes.

Ces congrégations, pleines du zèle le plus sincère pour le bien des Bretons, mais dirigées par des personnes étrangères à la Basse-Bretagne et subissant inconsciemment l'influence des inspecteurs primaires, ne se contentent pas d'apprendre aux enfants le français, elles ont entrepris de leur faire oublier le breton. Elles ne peuvent arriver à comprendre que la connaissance du breton n'exclut pas celle du français, et qu'il n'est pas plus permis de dépouiller un peuple de sa langue qu'un particulier de son porte-monnaie.

Il y a là un fait étrange à première vue, mais qui s'explique cependant. Dans nos régions, en effet, le personnel d'un grand

(1) Un instituteur du Huelgoat, M. J.-M. Toullec, se servait d'un excellent *Manuel breton-français* basé sur un emploi très judicieux de la comparaison et de la traduction. Cette méthode obtenait un tel succès que le petit livre de M. Toullec parvint, en très peu de temps, à sa troisième édition. Les inspecteurs lui ont déclaré la guerre et en ont fait disparaître peu à peu les exemplaires : aujourd'hui l'ouvrage est devenu presque introuvable.

Actuellement, l'enseignement de la lecture se fait dans toutes nos écoles (laïques et congréganistes) à l'aide de tableaux en français que les enfants ne comprennent pas. Un instituteur retraité a essayé récemment de tableaux bretons (tirés du *Kroaz-Doue* de la *Breuriez ar feiz*, Saint-Brieuc, Prud'homme) : il obtient ainsi facilement en deux mois de bien meilleurs résultats qu'après huit à neuf mois de la méthode habituelle.

L'année dernière, peu après le Congrès de Saint-Brieuc, un inspecteur, en réponse à nos revendications, fit dans les écoles du département une tournée de propagande en faveur d'une méthode dont il se prétend l'inventeur : cette méthode consiste à présenter aux élèves les objets à nommer, en les désignant par leurs noms français ; il ne veut pas que l'on puisse s'aider, dans ce travail long et le plus souvent même impossible, par l'emploi, si naturel pourtant et si facile, de la traduction orale.

nombre d'écoles officielles était et est encore, pour les écoles de filles, composé de congréganistes. Les congrégations enseignantes ont donc subi pendant de longues années l'influence de l'esprit étroit qui dominait autrefois dans le monde universitaire, et s'en sont inconsciemment pénétrées à un point dont elles-mêmes ne se rendent pas compte.

Nous aimons à croire qu'éclairées par les faits, elles considéreront les choses à un point de vue tout différent, et seront toutes surprises de constater que jusqu'ici, elles n'ont été que des instruments trop dociles pour l'exécution inconsciente d'un plan d'oppression intellectuelle.

Nos critiques ne les visent donc pas comme congréganistes, mais la vérité nous oblige malheureusement à constater qu'elles sont de trop habiles auxiliaires dans la main-mise complète que l'on veut opérer sur l'intelligence des enfants du peuple, pour la couler dans un moule unique revêtu d'une estampille uniforme.

Les écoles libres, toutes de fondation récente, se trouvent constituées avec le personnel qui occupait autrefois les autres écoles : de là vient que le même esprit les anime, elles continuent avec le même zèle à appliquer aux enfants bas-bretons le système d'oppression intellectuelle produit par l'amour de la centralisation poussé à l'excès.

Parmi les ennemis extérieurs de la langue bretonne, se rangent aussi les habitants des villes, les propriétaires étrangers au pays, qui se font un point d'honneur, non seulement de ne pas parler le Breton, mais de le tourner en ridicule et de faire considérer l'usage de cette langue comme une marque d'ignorance et d'infériorité.

En un mot, cette catégorie d'ennemis du breton comprend presque tous ceux qui habitent le pays sans en connaître la langue et que cela mécontente d'entendre parler autrement qu'eux.

A ce sujet, il y a urgence pour ce qu'il est convenu d'appeler les classes dirigeantes, à se mettre à étudier la langue bretonne. Autrefois, le grand propriétaire habitant le pays, en parlant couramment la langue, était considéré comme une sorte de chef de clan, il avait une influence considérable généralement due aux services rendus, il était aimé et estimé.

Aujourd'hui, quelques-uns sont encore dans cette situation, mais la plupart, ignorants de la langue bretonne, sont considérés comme des étrangers et n'ont plus la confiance des habitants des campagnes, qui, d'ailleurs, s'éloignent d'eux de plus en plus.

Quant aux ennemis intérieurs du breton, ce sont ceux qui ne s'en servent que pour corrompre la langue, les uns par ignorance, les autres par gloriole, d'autres enfin dans le but avoué d'en hâter la disparition. Nous n'insisterons pas sur ce point, mais certains membres du clergé breton ne pourraient-ils pas, hélas ! être compris dans cette catégorie ? A côté se trouvent les parents insensés qui, subissant l'influence des écoles anti-bretonnes, mettent un sot point d'honneur à élever leurs enfants dans l'ignorance et le mépris de la langue des aïeux et s'évertuent à en faire des déclassés, des étrangers dans leur propre pays.

Comme vous le voyez, Messieurs, les ennemis de la langue bretonne sont aussi nombreux que variés, et il semble qu'il est impossible de la voir résister à leurs attaques. Un homme éminent disait, il y a peu de temps : « Le sort du Breton est à l'heure actuelle entre les mains du clergé. » Cette parole n'est pas complètement exacte. Sans doute le clergé peut beaucoup, non seulement pour la conservation, mais pour le développement de la langue bretonne, et il est juste de reconnaître que beaucoup de ses membres le comprennent, mais à lui seul il serait impuissant. Notre enquête nous a révélé que la cause principale de la situation actuelle était l'école, c'est par l'école que nous devons arriver, et que nous arriverons si nous le voulons, à la modifier. N'avons-nous pas l'exemple de l'Irlande ?

Dans ce pays, la situation était encore beaucoup plus mauvaise qu'en Bretagne, le clergé lui-même était devenu très hostile à la langue celtique. A l'heure actuelle on enseigne officiellement l'Irlandais dans les écoles, et bien qu'ils sachent parfaitement l'anglais, les habitants de villages entiers où l'on ne parlait plus la langue irlandaise, en ont repris l'usage.

Voilà une réponse sans réplique possible à faire à tous ceux qui, prompts au découragement, prétextent de la grandeur même du mal pour se refuser à le combattre.

Prétextes invoqués pour combattre la langue bretonne.

Quels arguments invoquent les ennemis du Breton pour justifier la guerre qui lui est faite?

On invoque d'abord la nécessité de l'unification complète du langage sur le territoire de la France.

Tout récemment encore des écrivains distingués ont réfuté cette théorie et ont démontré tout ce qu'une centralisation excessive pouvait avoir de funeste. Ils ont fait voir quelle était l'erreur de ceux qui confondent unité avec uniformité, et, citant l'exemple de la Suisse, ils ont établi que la diversité du langage n'était pas un obstacle à la vivacité des sentiments patriotiques.

Pour nous autres, Bretons, dont les pères ont toujours lutté pour rester eux-mêmes, nous ne sommes pas séduits par cet idéal d'uniformité banale; envers et contre tout, nous sommes restés Bretons, et nous entendons rester Bretons, nos aïeux ne sont pas de ceux que l'on renie.

Le passé comme le présent ne sont-ils pas là pour prouver que notre patriotisme vaut bien celui des autres Français? Quand il s'agit de nous demander notre sang pour la défendre, la France ne nous trouve point d'une race inférieure. Les Bas-Bretons ont toujours donné, sans compter, leur vie pour la défense de la patrie commune; n'y a-t-il pas de l'ingratitude à les en récompenser en leur enlevant la langue des aïeux?

Le monde pédagogique, dans son ensemble, rivalise de zèle pour la destruction de la langue bretonne. Aux diverses questions que l'on peut poser aux instituteurs ennemis du breton, tous vous font la même réponse: « Il faut apprendre le Français. » — « Les enfants sont à l'école pour apprendre le Français. » Vous ne vous figurez pas tout ce qui découle de cette simple proposition: « il faut apprendre le Français! » Ainsi, l'on interdit aux enfants de prononcer un mot de breton, sous peine de punition grave, parce qu'il faut apprendre le Français! On les excite à s'espionner, à se dénoncer les uns les autres, parce qu'il faut apprendre le Français! On les condamne à se mettre à genoux, à manger du pain sec, à porter le bonnet d'âne, à balayer les cabinets d'aisance, s'ils s'oublient en récréation à prononcer une syllabe bretonne: parce qu'il faut apprendre le Français!

On leur inspire le mépris de la langue bretonne et par suite de leurs parents qui la parlent, on détruit chez eux l'esprit de famille, on en fait des étrangers dans leur propre pays, on compromet leur éducation religieuse, on en fait des êtres orgueilleux et vains, enflés de leur prétendue supériorité, prêts pour un oui et pour un non à quitter pays et parents; pourquoi? « parce qu'il faut apprendre le Français! » Vous aurez beau dire et beau faire, invoquer les meilleures raisons du monde en faveur d'un changement de méthode dans l'éducation des enfants Bas-Bretons, on vous répondra par ce refrain monotone: « il faut apprendre le Français! »

Mieux que cela: on raconte que l'Evêque d'un des diocèses où l'on parle breton s'étant rendu compte de l'intérêt de la question du Breton dans les écoles, réunit un jour les curés des cantons bretonnants et leur demanda s'il ne serait pas opportun d'introduire la lecture du breton dans les écoles libres.

Voilà tous les bons curés stupéfaits d'entendre parler d'une semblable innovation. Vous pensez peut-être qu'ils se demandèrent si, après tout, cela pourrait être utile aux enfants et à leurs familles ? Ils n'en pensèrent pas si long, une seule chose les préoccupa : la question de concurrence scolaire, et tous furent d'avis qu'il n'y avait rien à changer à la manière de faire en usage : *parce que la lecture du breton prendrait trop de temps aux enfants et nuirait à leur préparation au certificat d'études*. Il faut apprendre le français afin d'obtenir le certificat d'études. Cela répond à tout.

Il y a, sans doute, longtemps que cette consultation a eu lieu, et, à l'heure actuelle, la réponse des vénérables curés-doyens serait vraisemblablement tout autre, mais j'ai tenu à vous citer ce fait parce qu'il indique un état d'esprit curieux. On se préoccupe avant tout de l'instruction et on laisse totalement de côté la question d'éducation!

L'idéal pédagogique actuel, aussi bien des écoles libres que des écoles officielles, ne semble pas être, bien qu'elles en aient l'intention, de former de bons citoyens au cœur droit et loyal qui plus tard sauront être de bons pères de famille et des hommes de devoir, ou des jeunes filles sérieuses, capables d'exercer dans la famille une influence salutaire et de devenir plus tard des épouses dévouées et sages ; non, l'idéal pédagogique actuel est d'enfourner dans l'esprit des enfants le plus de connaissances possible, afin qu'ils obtiennent ce fameux certificat d'études, dont la possession les enfle d'une si sotte vanité.

Aucun esprit sérieux n'a jamais eu l'idée de soutenir qu'il ne fallait pas apprendre le Français aux enfants de Basse-Bretagne ; mais après examen de la question, après expériences faites, nous avons le droit de dire aux instituteurs laïques et congréganistes : « Si vous voulez voir les enfants tirer de vos enseignements tout le parti possible, servez-vous du breton pour leur apprendre le français. »

Faites en Bretagne ce que le Frère Savinien a fait en Provence, aux applaudissements du monde savant et officiel; faites en Bretagne, dans les bourgs et les paroisses mixtes, ce que les Frères font à Jersey, île française de langue et anglaise de nationalité: ils parlent français aux petits enfants qui n'ont appris que le français, et anglais à ceux qui parlent anglais dans leurs familles. Ils ont pour cela un manuel très bien rédigé.

Tout le monde y gagnera: vous d'abord, l'expérience a démontré qu'en apprenant aux enfants à lire le breton et en se servant, par la seule méthode rationnelle et intelligente, de la langue connue pour enseigner la langue inconnue, on faisait faire en *deux mois* aux élèves, le travail que l'on obtient d'eux péniblement en *huit ou neuf mois,* par la méthode actuellement en vigueur.

L'enfant ensuite : son éducation sera plus conforme au milieu dans lequel il est destiné à vivre, il aimera davantage son lieu natal, son esprit sera plus formé et plus orné, il connaîtra deux langues, et avec moins de travail il possèdera mieux la langue française.

Les parents en troisième lieu: leurs enfants ne deviendront pas des étrangers pour eux; il les respecteront davantage, la chaîne des traditions ne sera pas violemment rompue, ils pourront plus facilement les faire profiter des connaissances qu'ils ont acquises.

La Société enfin, car les enfants attachés à leur pays, imprégnés de l'esprit Breton, lequel est profondément chrétien, deviendront inaccessibles aux excitations malsaines venant du dehors, et devenus hommes, rejetteront avec mépris les utopies socialistes et anarchistes. Sur tous ces points, l'on ne saurait trop méditer la remarquable brochure intitulée : *La langue bretonne* aux points de vue religieux, pédagogique, social et national, que M. l'abbé Buléon vient de publier à Vannes, chez Lafolye, et dans laquelle il étudie ces questions avec la double compétence du professeur et du prêtre.

Jusqu'ici nous nous sommes tenus dans des considérations un peu générales, abordons maintenant les faits particuliers signalés par nos correspondants, dans le département des Côtes-du-Nord. Nous leur laissons la parole, nous bornant à résumer leurs communications et leurs appréciations.

Les trois régions bretonnantes des Côtes-du-Nord.

La partie bretonnante du département des Côtes-du-Nord se divise en trois régions : 1° Le pays de Goëlo, comprenant les communes bretonnantes situées à l'est de la rivière du Trieux, ce sont les cantons de Paimpol, Plouha, Lanvollon, Plouagat, Guingamp et partie des cantons limitrophes.

2° La Haute-Cornouaille : ce sont les cantons de Maël-Carhaix, Rostrenen, Saint-Nicolas-du-Pélem, Gouarec, Corlay, l'ouest des cantons de Mûr de Bretagne et de Quintin, et partie des cantons limitrophes.

Ces deux régions sont limitées à l'est par le pays Gallo, c'est-à-dire la partie du département où l'on parle français.

3° Enfin le pays de Tréguier comprenant tout le reste de la partie bretonnante des Côtes-du-Nord.

Dans les trois régions le mot d'ordre est le même : Guerre sans merci à la langue bretonne. Laïques et congréganistes rivalisent à ce sujet ; notre enquête nous a même revélé et nous considérons comme un devoir de signaler le fait, que la palme du zèle destructeur appartenait sans conteste à certaines institutrices congréganistes.

Voici quelques faits bien significatifs qui nous ont été révélés : Nous ne donnerons pas le nom des communes, mais nous garantissons l'exactitude de ce que nous rapportons.

Goëlo.

I. — Dans une paroisse du Goëlo, se trouve une école dirigée par une religieuse originaire des environs de Dinan et que le breton horripile au-delà de toute expression. Cette paroisse, notez-le bien, est exclusivement bretonne. La bonne religieuse supprima d'office et de sa propre autorité le catéchisme breton dans sa classe, et pour assurer le succès de cette mesure, elle commença par retirer aux enfants pauvres qui ne se soumettaient pas, les secours que des âmes charitables la chargeaient de répartir entre eux. Cela ne suffisant pas, elle mit purement et simplement à la porte les réfractaires. Protestations des parents et du recteur. La religieuse tint bon, elle a maintenu et maintient encore à l'heure actuelle sa proscription du catéchisme breton ; très fière sans doute d'imposer sa volonté, ou plutôt la volonté de ses supérieurs, à un recteur et à toute la paroisse.

Notons que dans la même commune, à l'école des garçons dirigée par un instituteur laïque, on laisse tout au moins les enfants parler librement breton en récréation.

Dans cette région du Goëlo, les conséquences de l'éducation actuelle sont plus frappantes que partout ailleurs. Tout d'abord le personnel enseignant est absolument anti-breton et composé de sujets ignorant la langue, surtout dans les écoles congréganistes.

« A l'école de maîtres et maîtresses que le breton horripile,
« et dont plusieurs se vantent d'être dans le pays depuis
« vingt ans sans avoir daigné en apprendre un mot ; qui ne

« peuvent l'entendre parler sans un sourire ou une plaisanterie « déplacée, ce que l'enfant apprend tout d'abord c'est à mé- « priser sa langue maternelle. »

« Les faits signalés par l'auteur de la brochure : *Le breton et* « *les écoles*, sont toujours vrais. On défend à l'enfant de parler « breton, on le pousse à dénoncer ceux de ses petits camarades « qui le parleraient, on inflige aux délinquants une punition « infamante. »

Les effets de cette éducation chez l'enfant nous sont signalés par une foule de correspondants :

« On produit ainsi chez l'enfant une sorte d'abâtardissement « simultané du langage et de l'esprit, une sorte d'hébétement « qui en fait des êtres manqués sous le rapport du dévelop- « pement intellectuel, moral et religieux. »

« L'intelligence de nos enfants n'est développée ni en breton « ni en français, ils sont incapables de s'exprimer correcte- « ment ni dans l'une ni dans l'autre langue... *Ils ne reçoivent* « *ni véritable éducation ni formation religieuse.* »

« Je vous assure qu'il est triste d'avoir affaire aux enfants « dans les pays de *débretonnisation à outrance.* A P..., où j'ai « habité plusieurs années, j'ai essayé nombre de fois d'em- « ployer l'un ou l'autre des enfants de chœur pour faire de « petites commissions ; c'est à peine si j'ai pu arriver quatre « ou cinq fois à me faire comprendre. Ils ne sont compris de « personne ni en breton ni en français. »

« La jeune fille sortie de l'école, parfois même du couvent, « le jeune homme flanqué de son certificat ou de son brevet, « auront un sourire de pitié d'abord pour le langage, ensuite « pour les habitudes simples mais dignes de leurs parents, « et enfin pour leurs pratiques religieuses. »

« A X..., où j'étais, c'était la salle d'asile qui tuait la langue, « la famille et la religion, en tuant toutes les pratiques reli- « gieuses bretonnes. »

« Le résultat de tout cela, nous écrit un autre correspon- « dant, c'est le mépris de tous les anciens usages de nos « pères. »

Nos correspondants insistent beaucoup sur le déclassement des jeunes générations produit par l'éducation actuelle : « L'école anti-bretonne inspire à nos enfants de l'éloignement

« et du mépris pour le milieu breton. Les parents eux-mêmes « s'imaginent qu'ils feront monter d'autant plus leurs enfants « dans l'échelle sociale, qu'ils les détacheront davantage de leur « pays et de leur langue. L'école répand partout un esprit de « nouveauté, de sotte vanité, de dédain du passé et de folle « ambition qui fait que presque toutes les familles travaillent « activement à faire de leurs enfants des déclassés. »

« Ici, les jeunes filles sont toutes gantées ; on ne reconnaît « plus à l'église, ni surtout aux fêtes civiles, les très pauvres « des très riches. Une mère de famille me disait : « Une « maison qui a trois filles est ruinée. » Elles partent toutes « pour Paris. J'ai vu, cette année même, partir jusqu'à cinq « jeunes filles en même temps d'un seul village. »

Certains parents bretons, sous l'influence des écoles, en sont arrivés à confier leurs enfants à des voisines retour de Paris (!) afin qu'ils soient élevés sans apprendre le breton. Il y a des enfants devenus hommes qui n'ont jamais parlé à leur mère ! Pour communiquer avec leurs enfants, ces parents sont obligés d'user d'un interprète ! N'est-ce pas une véritable monstruosité que la création de ces orphelins artificiels, et comment voulez-vous que ces êtres privés de toute éducation familiale ne deviennent pas en grandissant des sans-patrie, recrues toutes désignées pour l'armée anarchiste ?

Haute-Cornouaille.

II. — Après avoir résumé les communications reçues du pays de Goëlo, voyons ce qui se passe en Cornouaille.

« L'été dernier, une petite fille vint chez moi envoyée par « sa mère pour me vendre du fruit, c'était une enfant bien « éveillée, à la langue bien pendue. — « Où vas-tu à l'école ? « lui demandai-je. — Au couvent, à l'externat. — Sais-tu bien « tes prières ? — Oh oui ! les prières en Français. — Et pas en « breton ? — Non, le breton c'est bon pour les filles de la « campagne. (L'enfant habitait un petit bourg). — Et ton père « et ta mère, est-ce qu'ils disent leurs prières en français ?

« — Oh non! ils les disent en breton, parce qu'ils sont des « ignorants, ils ne sont pas instruits comme moi. »

« Quelle jolie éducation! une fillette de moins de dix ans « qui se croit supérieure à ses parents parce qu'elle sait « quelques mots de français! »

Voici un extrait d'une lettre écrite à la *Semaine Religieuse* de Saint-Brieuc, le 24 avril 1896, et provenant de la même région: « Comment voulez-vous, disait une mère de famille, « que la prière du soir se fasse en commun chez moi? j'ai « appris à l'école mes prières en français; mon mari et mon « personnel ne les savent qu'en breton; pas moyen de s'en- « tendre. Si encore je savais lire le breton, je prendrais un « catéchisme et je tâcherais de m'en tirer vaille que vaille. « Je ne le puis pas et désormais c'est trop tard pour appren- « dre. » — D'autres correspondants: « Si la pratique de la prière « en commun disparaît progressivement dans les paroisses de « la Cornouaille, la lecture de la Vie des saints n'existera « bientôt plus qu'à l'état de souvenir... Dans ma paroisse, « l'une de celles où l'on conserve les usages bretons et même « les anciens costumes, où tout le monde parle habituelle- « ment la langue de nos pères, je ne voudrais pas garantir « qu'on lise la Vie des saints dans dix familles. »

Un autre constate que si, dans son pays, les vieux parents lisent encore la Vie des saints et l'Evangile en breton, les jeunes gens ne lisent plus du tout, ils passent leur soirée à jouer aux cartes et aux dominos. Il arrive maintenant de trouver en cette région, dans des maisons même très humbles, sur l'appui de la fenêtre, au lieu et place de la Vie des saints et de la collection de *Gwerz* qui charmaient les vieux parents, des cahiers où la fille de la maison a copié laborieusement des chansons françaises stupides, ou même absolument immorales, tirées de quelque mauvais journal illustré ou rapportées de la caserne par des jeunes gens. Un des membres de notre comité a constaté ce fait par lui-même, et voici un échantillon de ce qu'il a vu entre les mains de jeunes filles: une des chansons célébrait les délices de l'ivresse, le refrain était: « *Le Paradis aux ivrognes est promis.* » D'autres célébrant l'amour en langage de corps de garde, étaient d'une obscénité révoltante. Que dites-vous, Messieurs, des progrès de l'instruction en

Cornouailles et des gentillesses dont certaines fillettes ornent leur esprit au lieu et place des vieux cantiques bretons ?

Le résultat général de notre enquête en Cornouaille est que l'esprit local, les traditions du foyer, les pratiques de la vie chrétienne et surtout l'usage de la prière en commun, y sont très sérieusement menacés. Chose frappante ! presque partout le mal a pour centre et pour point de départ une école congréganiste autour de laquelle il rayonne et se propage.

Tréguier.

III. — L'appréciation suivante d'un de nos correspondants résume assez bien l'état du pays de Tréguier :

« Dans cette région le breton est absolument proscrit des « écoles tant laïques que congréganistes. Le catéchisme « breton est cependant admis parce que les parents et les « prêtres y tiennent. »

« En dehors du catéchisme, et dans toutes les écoles sans « exception, tous les exercices bretons sont absolument « proscrits. »

« La vie de famille n'est pas encore sérieusement atteinte, « mais que sera-ce dans quelques années ? L'avenir n'est pas « rassurant ; il est plus que temps d'aviser ! »

Toutes les communications s'accordent à signaler l'action néfaste des écoles de la région sur les jeunes gens. Beaucoup quittent le pays, nullement contraints par la nécessité, mais parce qu'ils rêvent une vie de plaisirs et sans travail.

Les bretonnes à Paris.

Comme nous l'avons vu, les jeunes gens quittent le pays avec la plus grande facilité, les filles surtout partent pour Paris de plus en plus fréquemment.

Demandons à nos compatriotes habitant la capitale ce qu'elles y deviennent :

« On ne se figure pas, disait l'un d'eux, ce que l'on rencontre « de bretonnes parmi les filles de brasserie de bas étage et « dans les bouges les plus infects du quartier Latin ; beaucoup « sont de la partie bretonnante des Côtes-du-Nord. »

M. Guennou, l'auteur de plusieurs publications remarquables en langue bretonne, habite depuis longtemps Paris ; il sait ce qui y attend les bretonnes et l'a plus d'une fois éloquemment proclamé. M. Jacob, dans l'*Indépendance Bretonne* du 15 septembre 1896, résumant la manière de voir de son ami M. Guennou et la sienne propre, écrivait : « En somme, « ma conviction est que les petites bretonnes venant à Paris « sur le conseil de leurs parents ou de personnes soi-disant « charitables, sont de véritables bouteilles à la mer. » La plupart de ces pauvres filles viennent mourir misérablement à l'hôpital au bout de quelques années (1).

Quand donc nos écoles cesseront-elles d'être, par l'éducation mal comprise qu'elles leur donnent, le point de départ de la perdition finale pour tant de jeunes filles bretonnes ?

CONCLUSION

En présence de la gravité de la situation, le silence n'est plus possible : il faut que l'Association Bretonne agisse sans retard et avec énergie, usant de toute son influence pour arriver à enrayer le mal. On peut encore y parvenir, mais il faut, pour cela, que tous ceux qui aiment la Bretagne s'unissent pour l'action. Ce n'est plus le moment de délibérer ; écartons toutes les querelles mesquines, toutes les discussions d'intérêt secondaire : il est absolument indispensable d'obtenir au plus tôt un changement dans le système d'éducation usité

(1) Des renseignements recueillis par nous, il résulte que les jeunes Bretonnes qui partent pour Paris, s'y perdent dans la proportion de 90 pour cent au moins.

dans les écoles primaires. Voilà le but qu'il est urgent d'atteindre avant de s'occuper d'autre chose.

Chacun sait combien Monseigneur Fallières, évêque de Saint-Brieuc et Tréguier, porte d'intérêt aux populations bretonnantes de son diocèse.

Succédant à un évêque breton d'origine, il a voulu leur faire voir qu'il était devenu breton de cœur, et que rien de ce qui les concernait ne lui était étranger. Avec quelle sollicitude n'encourage-t-il pas les élèves de son Grand Séminaire à étudier la langue bretonne, sous l'habile direction de M. l'abbé Le Pennec, chargé par lui du cours de Breton !

Chacun sait que le cours facultatif de breton, professé avec un dévouement aussi complet que désintéressé, au collège Saint-Charles, par un autre des membres de notre comité, M. François Vallée, a été ouvert sous ses auspices. N'a-t-il pas organisé pour la traduction des *Annales de la Propagation de la Foi* en dialecte de Tréguier, un comité composé d'ecclésiastiques, des plus distingués comme écrivains bretons, et dont l'heureuse influence se fait sentir dans le clergé bretonnant ?

Aussi le comité de défense de la langue Bretonne a-t-il confié à son Président, M. le chanoine de la Villerabel, un mémoire détaillé qui sera déposé par ses soins aux pieds de Sa Grandeur. Nous sommes convaincus que lorsqu'Elle aura daigné en prendre connaissance, étant donné sa haute compétence en matière d'éducation et, en présence des résultats obtenus par le système actuellement en vigueur, Sa Grandeur comprendra à quel point un changement profond dans la manière de faire actuelle s'impose pour le bien des populations bretonnantes, et s'emploiera de tout son pouvoir à l'obtenir.

En ce qui concerne les Ecoles libres, les Evêques de Bretagne peuvent, s'ils le veulent, assurer la réforme nécessaire. Monseigneur de Saint-Brieuc, dans le diocèse duquel le mal est le plus profond, sera le premier auquel il aura été signalé d'une manière précise : il aura à cœur, nous en sommes persuadés, de faire entrer les écoles de son diocèse dans la voie du véritable progrès.

D'ailleurs, la réforme réclamée par nous est bien simple : Que l'on cesse d'inspirer aux enfants le mépris de la langue bretonne, qu'on s'efforce au contraire de les attacher à leur pays natal en les attachant à leur langue, que l'on se serve du breton pour leur apprendre le Français, que l'instruction religieuse et autant que possible l'instruction agricole élémentaire soient données en langue bretonne ; voilà les seules demandes par nous formulées.

Inutile de nous objecter le manque de livres bretons ; si on en avait voulu, il eût été facile de s'en procurer ; d'ailleurs, pour couper court à toute difficulté de ce chef, nous fournirons les livres indispensables.

Nous sommes prêts à mettre sous presse un opuscule destiné à servir de livre de lecture bretonne aux enfants. Ce sont de petites pièces de vers très faciles, des proverbes, des fables, des prières, le tout d'une haute moralité, tout en étant à la portée des toutes jeunes intelligences. Qu'il nous suffise de dire que nous nous sommes bornés à refondre, en l'augmentant et le complétant, l'ouvrage du cher Frère Polycarpe, de vénérée mémoire. De plus, une traduction très exacte du *Manuel d'Agriculture* des Frères de Ploërmel est à peu près terminée.

Œuvre collective de correspondants dévoués, avec la collaboration d'agriculteurs intelligents, cette traduction représente sans contredit un travail considérable. Elle est, certes, loin d'être parfaite, mais nous croyons qu'elle atteindra le but visé par ses nombreux auteurs anonymes qui, mettant de côté tout souci d'amour-propre, s'estiment trop heureux d'avoir contribué pour leur part à une œuvre destinée à être, il est permis de l'affirmer, éminemment utile à leurs compatriotes.

Ce manuel a été traduit de telle sorte qu'il pourra servir tel quel dans tout le Finistère et les Côtes-du-Nord ; un lexique agricole, donnant les termes bretons des divers dialectes usités dans ces départements, permettra aux élèves de trouver rapidement le mot correspondant dans leur dialecte au mot du texte qu'ils pourraient ignorer.

L'Institut des Frères Lamennais a consenti, sur la demande de l'Association Bretonne, à se charger d'imprimer cette traduction de son manuel, destinée à servir de livre de lecture bretonne dans la classe supérieure, et de livre de propagande agricole dans les familles.

Les Frères de Ploërmel ont, depuis longtemps, compris la nécessité de l'instruction religieuse en langue bretonne dans les écoles de Basse-Bretagne ; ils se rendent compte de l'utilité de la méthode consistant à se servir du breton pour apprendre aux enfants la langue française.

Le Très Cher Frère Lucien, dans une lettre récente adressée à un ami de la langue bretonne, lui faisait remarquer que, dès 1837, le vénéré abbé J.-M. de Lamennais, fondateur de l'Institut, dans un rapport au ministre de l'instruction publique, démontrait la nécessité d'instituteurs bretons dans les écoles bretonnes.

Le Comité de défense de la Langue Bretonne s'occupera par la suite, suivant les besoins, de faire paraître d'autres ouvrages bretons, mais il attache une importance toute particulière à la diffusion, à l'aide des écoles, du *Manuel élémentaire d'Agriculture* en langue bretonne, persuadé qu'il en sortira un grand bien pour le pays.

Un rapport succinct des travaux de notre comité vous a été présenté par notre secrétaire. J'attire votre attention sur ce qui concerne le cours de breton organisé dans le collège Saint-Charles, si brillamment dirigé par les Marianites ; cet exemple devrait être suivi par tous les établissements secondaires recevant des élèves originaires de Basse-Bretagne.

N'y a-t-il pas une foule de positions sociales, où la connaissance du breton est des plus utiles pour ceux qui veulent les occuper en pays bretonnant ?

Je vous signale également les communications concernant un établissement important du Finistère, situé à Plougastel-Daoulas et dirigé par les Dames de Saint-Thomas de Villeneuve. Vous avez pu voir avec quelle intelligence pratique l'éducation des jeunes filles a été organisée par la Supérieure de cet établissement.

Là on a compris qu'au lieu de déclasser les enfants, en leur inspirant le mépris de leur langue et de leur milieu, il fallait les attacher à leur pays et les mettre à même d'avoir une heureuse influence dans leurs familles. Aussi fait-on cultiver aux élèves la langue bretonne; on leur apprend, non seulement à la lire, mais à l'écrire et à faire de petites compositions littéraires. Cela n'empêche pas ces élèves, non seulement d'apprendre le Français, mais encore d'obtenir de brillants succès aux divers examens.

Honneur à la Supérieure de l'établissement de Plougastel-Daoulas! Grâce à elle, toutes les mauvaises raisons des éducateurs et éducatrices anti-bretons, reçoivent le plus éclatant démenti, elles sont réfutées par des faits.

Aussi dans cet heureux pays, la famille reste unie, la lecture et les prières en commun ont toujours lieu.

Ce n'est pas là, nous aimons à le croire, qu'un jeune cultivateur intelligent pourrait tenir le propos suivant entendu par un des membres de notre Comité: « Je voudrais me marier, « eh bien! il m'est impossible de trouver une jeune fille de « mon rang, capable de tenir ma maison! Elles sont toutes « élevées au couvent, elles savent jouer du piano, mais à « peine parlent-elles breton, et quant à s'occuper du ménage, « elles ne daignent pas le faire. Si je veux avoir une bonne « ménagère, je serai forcé d'épouser la fille de quelque petit « fermier sachant à peine lire et écrire. C'est probablement « ce que je ferai, car je ne veux pas me ruiner. »

Comme conclusion, notre comité propose à l'Association d'émettre le vœu suivant:

L'Association Bretonne, réunie en Congrès à Rennes, effrayée de la gravité des faits révélés par l'enquête édifiée par son Comité de Saint-Brieuc, insiste auprès de tous ceux qui ont une action sur les écoles, à quelque titre que ce soit, pour qu'ils agissent, sans retard, afin d'obtenir l'introduction dans les écoles de Basse-Bretagne et spécialement dans celles du département des Côtes-du-Nord, d'un système d'éducation plus approprié au milieu dans lequel les enfants sont destinés à vivre. Elle attire tout particulièrement l'attention de NN. SS. les Evêques de Saint-Brieuc et Tréguier, Vannes et Quimper sur le véritable danger social, créé par l'éducation mal comprise donnée dans toutes les écoles, tant officielles que libres.

Elle émet le vœu que les directeurs et directrices des écoles primaires libres, plus maîtres de leur programme, prennent en Bretagne l'initiative que les Frères de la Salle ont prise en Irlande et, mettant au premier rang la question d'éducation, introduisent dans leurs écoles la lecture du breton, l'enseignement du français à l'aide de la langue bretonne ; l'enseignement moral et religieux, et autant que possible, l'enseignement agricole élémentaire en langue bretonne.

Elle adresse des félicitations toutes spéciales au directeur du collège Saint-Charles de Saint-Brieuc pour l'organisation d'un cours de breton à l'usage des élèves des classes supérieures, souhaitant vivement que son exemple soit suivi par tous les établissements d'enseignement secondaire ; et à la supérieure des dames de Saint-Thomas de Plougastel-Daoulas (Finistère), pour la manière aussi intelligente que pratique dont elle a organisé l'éducation des jeunes filles du pays.

Depuis le Congrès de l'Association Bretonne, l'enseignement agricole en langue bretonne a produit d'excellents résultats dans un certain nombre d'écoles libres du Finistère, notamment à Châteaulin et Pleyben.

Un cours de Breton a été organisé au Petit Séminaire de Guingamp, sous l'habile direction de M. l'abbé Le Clerc, licencié ès-lettres, ancien élève de M. Loth. A la fin de l'année scolaire, ce cours comptait vingt élèves.

---

897. — Saint-Brieuc. Imprimerie René Prud'homme.

À MA VIE

www.ingramcontent.com/pod-product-compliance
Ingram Content Group UK Ltd.
Pitfield, Milton Keynes, MK11 3LW, UK
UKHW020544230726
13925UKWH00006B/2426